Flores de mi Jardín

María del Carmen Guzmán

Copyright © 2019 María del Carmen Guzmán

All rights reserved.

ISBN: 10:0985563974

DEDICATORIA

A los amantes de la poesía

RECONOCIMIENTO

A Nataniel Ortiz

Por su labor fotográfica

Detente

Detente un instante...
Escucha el alegre
revoloteo
de alas del ruiseñor en su
vuelo;
Al pitirre que entona
un himno a su pueblo;
Al susurro del viento
que anuncia que es mejor el silencio;
A las olas que vienen a besar
las huellas que dejan tus pasos.
Detente y verás
como la naturaleza
celebra tu vida al trazar
de bellos colores tu efímera existencia.
El amanecer de cada mañana,
la puesta del sol al caer el día,
el tintineo de la lluvia sobre la casucha
te dice: ¿Por qué llevas prisa?
Detente y percibe el aroma
que emana de la tierra fértil.
El perfume de las flores
te invita a tocar con cuerdas de amor
todo lo que te rodea;
A disfrutar el sabor de las frutas
de árboles isleños;
A sentir la alegría de vivir
una nueva ilusión cada día.
¡Detente! se escapa la vida.
Echa todo a un lado y detente
¡Mañana traerá su afán!

Bendición

En la ingenuidad de mi niñez
soñé tu mirada.
La luz de tus ojos
me iluminó el camino
y en mis juegos de niña
eras mi fiel compañero.
Te conocía
sin haber visto tu rostro.
En la tempestad de mi adolescencia eras
mi quijote soñado y como Dulcinea que en
la noche espera a su amado desconocido,
esperaba el encuentro.
Una imagen sin rostro
Un hombre sin nombre, eras tú.
Te hallé, el día menos pensado,
cuando no te buscaba,
en el otoño de una vida extraviada.
Mi espíritu y el tuyo se encontraron.
Se detuvo el tiempo...
Abandonada en tu mirada
te entregué mi vida
y tomados de la mano
comenzamos otra llena de ilusiones.
Cuando mis pasos quisieron desviarse
indecisos de cómo, cuándo
y hacia dónde ir
o cuando por cualquier razón
detenía mi andar
Tú volvías a tomarme
despejando las dudas
susurrando palabras de aliento.

*Contigo a mi lado
se acercó el invierno.
Al volver la mirada hacia atrás
Grita mi alma llena de gozo:
¡Valió la pena encontrarte!*

Eres...

*Eres el faro que me guía
cuando a solas me pierdo
en el mar de mis sueños.
Eres la luz que permanece encendida
cuando en mis noches, las nubes
ocultan la estrella celeste;
Eres la mano extendida
que toma la mía
cuando tropiezo en la vida;
Eres, los brazos que arropan mi cuerpo
cuando la tristeza embarga mi ser;
Eres la dulce mirada que busca la mía
cuando ésta, se pierde en el horizonte
lejano;
Eres el milagro que anhela todo
condenado a muerte;
Eres el agua que sacia
mi sed en el intenso calor
del verano;
Eres el lecho que alivia el
cansancio al cerrar el día.
Eres todo y sin ti nada soy.*

Gracias...

*Por el aire que respiro,
por las flores y los ríos;
Por mi patria, mi hogar mi isla,
piedra preciosa acunada
entre dos mares;
Por los padres que he conocido.
Por cada hermano, cada amigo,
los que están cerca y los lejanos
y los que aún no han llegado.
Los de ayer, los de hoy, los de siempre.
Por el amor... de Dios, de mi vecino
aunque no viva a mi lado.
Por mis hijos y los suyos
Los que están y los que se han ido.
Por aquellos que se creen ser mis enemigos
porque no saben que el pasado es el olvido
y el perdón es mi bandera.
Por todo lo que me has dado
y lo que me darás
¡Gracias, Señor!*

Hasta que vuelvas

*Desde la pequeñez de mi humanidad
alzo mis ojos hacia el Monte Calvario.
Colgado de un madero,
entre ladrones, estás Tú,
Hijo de Dios hecho hombre…
crucificado.
Y yo, gusano de Jacob,
no concibo tu muerte y pasión,
ni merezco el precio pagado
a cambio de mi vida.
Me acerco y veo la magnitud
de tu sacrificio: tu amor por mí
entre aquellos enmohecidos
clavos.
Sangre y agua brotan de tu
costado;
una corona de espinas hirientes
en tu frente Santa.
Una gota de sangre
alcanzó mi alma y mi
corazón quedó desnudo
ante ti.
Quiero esconderme…pero,
¿a dónde huiré de tu presencia?
Me persigues, me atas
con cuerdas de amor.
Me cobijas con un manto
de misericordia.
Me cubres con Tu sangre preciosa.
Tus ojos fijos en los míos,
llenos de ternura inefable.*

¿Qué quieres conmigo
Jesús nazareno?
¡No tengo que darte!
Mis manos agotadas están;
Mi boca enmudecida;
mis pies detenidos en el tiempo...
quebrados.
Tu silencio me dice: ¡Te amo!
A pesar de todo...
Entonces, extiendes tu mano y me tocas...
Despiertas todos mis sentidos;
Rompes mi corazón de piedra
y cual alfarero le formas de nuevo.
Me haces comprender que escogiste
esos clavos para regalarme la vida.
En un susurro, como de una brisa suave,
me dices: ¡No temas!
Quedo rendida ante ti.
Percibo el aroma de tu santidad
y quiero tocarte, pero no me dejas.
Detente, espera... me dices.
"Aún un poco más de tiempo
y mi gloria cubrirá los cielos.
Todo ojo verá al que traspasaron
montado sobre un caballo blanco.
Un arco en su mano
y una corona en su frente.
"¡Volveré! aunque no sé el día
ni la hora, volveré.
Para vencer, para completar
mi victoria.
Entonces me reconocerán...

*Caerán a mis pies todos mis enemigos.
Toda rodilla se doblará
y toda lengua confesará
"Que Jesús es El Señor."
Yo, atrapada en este cuerpo
estéril, espero…
Señor, toma lo único que
tengo: mi dolor.
Lo pongo en tus manos,
¡Hasta que vuelvas*

Libre

*Arranca del suelo su presa
y remonta las nubes
dando rienda suelta a su vuelo.
Se dirige hacia el horizonte
elevándose cada vez más alto
para llegar a la cumbre añorada,
donde los rayos del sol
no logran juntarse,
allí donde nada puede alcanzarla.
Las bestias del campo
expían su vuelo, aguardan en silencio.
Esperan un minúsculo error
para devorarla.
Las aves cercanas traman sus engaños,
celosas de su gracia, de su galanura.
Más no se detiene a mirar hacia atrás…
Sigue el camino trazado y
con la fuerza de un trueno
que antecede al relámpago
extiende sus alas
y conquistando su espacio celeste
se lanza orgullosa hacia su libertad.
(Jeremías 12:9)*

Diluvio

Apartó sus ojos cansados
por sólo un instante,
Cuando volvió la mirada hacia ellos
los arropó el caos.
Los cielos se oscurecieron
y llovió sin cesar durante cuarenta días
y cuarenta noches.
¡Ciento cincuenta días después
ocho sobrevivientes
acompañados de innumerables animales
descendieron de nuevo a la tierra! *(Génesis 12:10)*

Después de la caída

Caí...
Lloré...
Te vi...
Tus brazos extendidos.
Me levanté,
Corrí hacia ellos.
Me tomaste diciendo:
Aquí estoy, ¡no temas!

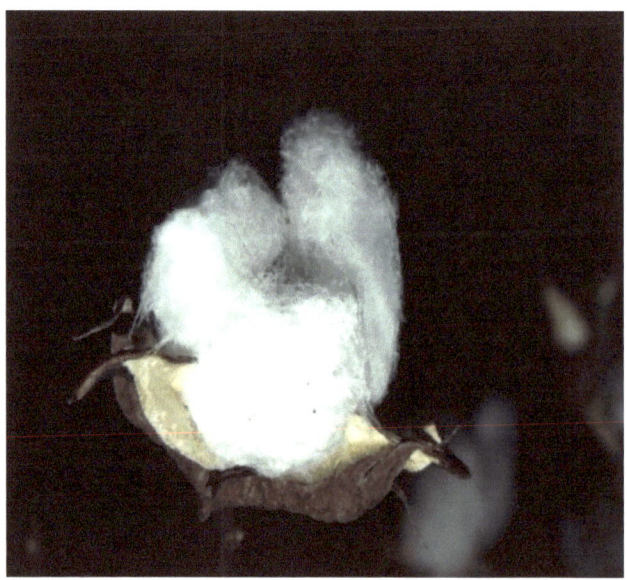

Canto al Jíbaro

Adonis del terruño
trovador campesino.
Juglar de bomba y plena
décimas y aguinaldos.
Regalas con tus versos
serenatas nocturnas
y adornas las doncellas
con cadentes guirnaldas
Incitando su amor.
Mientras tu pueblo duerme
en la sabana
tú imitas a los pájaros
que al unísono cantan
al ritmo de las cuerdas
de tu fiel compañera.
Robles, Flamboyanes y Ceibas,
bailan al compás de la
danza nacional
que en noches
melancólicas
brota de tu garganta.
Más tú, ajeno a las
miradas curiosas
de aquellos que olvidaron
su causa
sigues por el sendero
que conduce a la montaña

A cualquier guaraguao le sale su pitirre

*Sobrevolaba en la altura
un guaraguao guapetón
con pico y uñas encorvadas
alardeaba de su maña.
Miraba hacia la llanura
vociferando amenazas.
Los animales del campo
corrían a sus escondites
cuando veían desplegadas
las alas del fanfarrón.
Quietecito entre las ramas
del viejo guayacán florido
un pitirre lo observaba
y alegremente cantaba:
Ven guaraguao presumido,
jactancioso y bravucón
Ven para que aprendas
de la vida, la lección…
Aquí espero tu llegada.*

Mi Mar

Te me arrimas, como a la arena me tomas
Me arrebatas, me sumerges en tu espuma.
Con la fogosidad destellante de tus olas
me enamoras…
Tus mareas, susurran lisonjas.
Vas y vienes en busca de una entrega,
un abandono sin reserva
Borras las huellas que dejaron
otros mares en la arena.
Mis ojos, ciegos, te buscan
nublados por la penumbra.
Derraman lágrimas sobre tu superficie
se entretejen… se hacen tuyas.
Como la lluvia al caer sobre tus aguas…
golpean… palpitan…y
en la borrasca de tus olas
arrojo mi vorágine de sueños.
Ves mi rostro reflejado
en el espejo de tus aguas.
Me devuelves la mirada
y descubres mi tristeza.
Ruges como león embravecido
por la angustia que destella mi alma.
Embates en vaivenes mis pisadas.
Retrocedes para luego volver
a levantarte majestuoso
y cubrirme con tu manto efervescente,

refrescante
Me cobijas
Besas la desnudez de mi espíritu,
Jugueteas como un niño
entre las marejadas
cubriendo cada surco de mi cuerpo.
Entre el ir y venir de tus olas,
alivias mi cansancio, liberas el hastío.
Tu cuerpo y el mío
fundidos en la espuma caribeña
En la oscuridad de una noche isleña.

El poeta ausente

*A la altura de la cordillera
se escucha el eco de un grito
que comenzó en la pradera.
Es el triste lamento de un poeta
que no quiere morir lejos
de las playas de su tierra.
En esas últimas horas
quiere escuchar el arrullo del mar
que baña la arena.
Que su alma se estremezca
con el vaivén de las olas.
Que su cuerpo inerte vibre
con los rayos de la luna
y que el viento tropical
cierre los párpados
de sus ojos moribundos.
Que sus cenizas serenas
moren en el fondo del río
que un día beso sus pies.
Cuando le llegue su hora
o le sorprenda la muerte
quiere ver al Creador
de su isla tan pequeña
y decirle agradecido:
Gracias por el privilegio
de nacer puertorriqueña.*

Remembranzas

Latente entre ramas añejas
aún quedan rastros
de un recuerdo grabado.
Huellas de dolor convertido
en letras trazadas
por manos amadas.
Vestido de color radiante
esparce sus flores
como una alfombra naranja,
sobre humilde lienzo
de la tierra fértil que le vio nacer.
Sus hojas y bellotas tintineantes
al son de la brisa, susurran tu nombre.
En sus delicadas raíces permanece el
recuerdo de esas tiernas manos.
Sus ramas erguidas pretenden llegar
más allá de las nubes que de ti lo separan.
Tu recuerdo y el viejo Flamboyán,
llorando tu ausencia,
solos muy solos quedaron...

Flores de mi Jardín

Permanece

*Durante la tormenta bailan sus ramas
azotadas por el viento recio e inclemente.
Desafiante ante la adversidad
eleva su tronco y sus raíces
empuñan la tierra.
Sus flores caen
sobre el suelo mojado
por la lluvia incesante
que bañó su cuerpo desnudo.
Mas la tempestad no pudo abatirlo.
El amor le mantuvo firme.
Erguido, mira hacia el horizonte.
Busca y espera, un rayo de luz.*

¿Por qué te estremeces, tierra?

¿Tiemblas bendita tierra?
¿Qué pretendes globo celeste?
¿Acaso el hombre ha provocado tu ira?
Te llama madre, pero cuan ingrato
Destruye lo que le has dado.
Hiere tus cimientos;
Amuralla tus fronteras;
Convierte las sendas antiguas
en capitales de hierro;
Contamina tus mares
con aromas petroleras
y en tus bosques, sólo
sombras truncadas quedan.
¿Es la razón porque tiemblas?
¿Te rebelas?
¿O pretendes recordarle
una verdad sempiterna?
¿Estremeces tus raíces
para volver a ordenarlas?
¿Adviertes que no eres dueña de ti misma?
¿O simplemente tiemblas
ante el sufrimiento incesante
de los pocos nobles que en ti quedan?
¿Seguirás temblando, tierra?
¿Hasta que reconozca el hombre

que fue la mano de Dios mismo
La que sopló aliento de vida
y le creó del polvo de tus entrañas
y allí, ¿algún día dormirá?

¿Temblando rejuveneces?
Tiembla pues
hasta que sólo quede el recuerdo
del progreso que consume
al pobre en su miseria
y esclaviza al poderoso
en su riqueza.
¡Gracias, bendita tierra!

Puerto Rico en El Barrio[1]

*El día en que Puerto Rico
se mudó para El Barrio
Un manto gris cubrió
el horizonte de la Isla del Encanto.
La luna se vistió de luto
las estrellas se apagaron.
Lágrimas del cielo
bañaron nuestra bandera
despojándola de su vuelo.
Enmudecieron los gallos
los pitirres no cantaron
Y los coquíes callaron.
El día en que Puerto Rico
se mudó para el Barrio.*

*El día en que Puerto Rico
se mudó para el Barrio,
la caña dejó de esparcir su semilla
amarga fue su melao.
Huyeron las guayaberas
los jíbaros vistieron corbatas.
Los cuatros y las guitarras
todas sus cuerdas quebraron
y por todos los rincones
se escuchó a Davilita
Con un "Lamento Borincano."*

---

[1] **El Barrio (East Harlem)** Se encuentra entre las calles 96 y 139, de quinta avenida al Rio Este. Es el barrio donde muchos puertorriqueños que migraron a los Estados Unidos viven.

El día en que Puerto Rico
se mudó para el Barrio

El día en que Puerto Rico
se mudó para el Barrio
la lluvia se endureció
nieve cayó en la azotea.
El Instituto de Cultura
se convirtió en
"El Museo del Barrio,"
El Parque Central convirtió
en Conservatorio al Jardín Botánico,
Las plazas del mercado
a la "marqueta"
llegaron con viandas y bacalao.
y en la 116 "Cuchifritos" debutaron
El día en que Puerto Rico
se mudó para el Barrio.

El día en que Puerto Rico
se mudó para el Barrio
Los tambores de Loiza
Aldea
a la 110 llegaron
El Rio Grande lloró la
ausencia de Julia.
Sus versos desparramados
a lo largo de la 105
Corrieron como rio sin cauce.
Pedro Flores marchó "Sin bandera."
Rafael Hernández cantó "Preciosa"
de lejos.

Y Bobby Capó se quedó dormido
"Soñando con Puerto Rico."
El día en que Puerto Rico
se mudó para El Barrio.

De lejos...

Estuve frente al mar
donde el ir y venir de las olas
Adormecían mi espíritu.
Como gigantescos soldados
cuidan una mansión dorada
las olas arropan mi sueño
Convirtiéndolo en sueño apacible...
sereno.
Estuve en el valle
donde los gallos
despiertan mis sentidos
con su alegre diana,
los pitirres
acurrucan mis atardeceres
y los coquíes
cantan canciones de cuna.
En la soledad de noches foráneas
hoy busco aquellos coquíes
como una enamorada
en busca de su amado.
Entre suburbios extraños
no escucho el batir
de las olas del mar.

*Los fríos rascacielos, erguidos
permanecen indiferentes
al clamor que se ahoga
en la garganta del pitirre
que canta mi ausencia.
Al despertar de la aurora
los gallos mudos esperan
mi regreso a casa.
Más yo, permanezco en silencio
indecisa
detenida ante la encrucijada*

Lamento

Cautivada por el aroma de tu suelo
busqué anhelante
el dulce néctar guardado en cada flor
de los bosques de mi Tierra.
Como un picaflor sediento
busqué entre los matorrales;
entre montes y collados;
entre quebradas y lagos y,
hasta la orilla del rio.
Durante la búsqueda
me salieron alas
y tuve que volar lejos, muy lejos…
El aroma de mi patria,
olvidada en el tiempo
Lloró mi ausencia.

Paz nocturna

*Rodeada del rumor nocturno
disfruto esta noche
despojada de luceros
que iluminen el horizonte.
Sólo la sombra de árboles isleños
acompaña al coquí, quien con su melodía brinda
una sinfonía en serenata de amor y paz.
La paz que viene de sentirse
una con la naturaleza
en la majestuosidad nocturna
de este universo.*

*De esta isla llena de misterios
que otros no ven
porque el quehacer del diario vivir
les impide su disfrute, su deleite...
Quisiera gritar:
¿Acaso no ven
las maravillas?
¿La belleza de la noche
que reclama la grandeza de Su Creador?
Noche libre de preocupaciones
de inquietudes, turbaciones y molestias.*

Libre, libre, libre....

Como el amor del mar hacia la arena...

*El mar sabe que la arena es suya,
aunque el sol quiera poseerla
hasta quemar sus entrañas
y la luna pretenda enamorarla con suaves
caricias nocturnas.
La arena le espera, tendida e inerte
despojada de pretensiones vanas.
Anhela la caricia de sus olas y
el arrullo del viento que la acompaña
en sus soledades.
Durante la tempestad, el mar llega violento
la seduce poseído, delirante e impetuoso.
Ella bebe del néctar arrogante de su
bravura y disfruta la caricia desafiante de
su amor.
Al llegar la calma, la acurruca con su voz
rítmica y melódicla arrastra entre sus olas
y la lleva consigo a lo más profundo
de su corazón.
Aunque suba o baje la marea
el mar siempre regresa
a encontrarse con la arena.
¡Esa es mi ilusión!*

Sueño

*Vivir dentro de una lágrima tuya,
deslizarme sobre tu mejilla
como un torrente manantial
y encontrarme con tus labios.
Sentir el toque de tus manos cuando
intentes enjugarla.
Fluir sobre tu cuerpo desnudo
y descubrir tus más íntimos secretos.
Arder en cada suspiro, cada anhelo
hasta evaporarme en tu pecho.
¡Eso sueño!
Más tú, no ves el amor
que emana de tus propios ojos
y me ocultas detrás de tu mirada
con párpados silenciosos.*

Quiero ser

Quiero ser el verso que fluye de tus labios
y correr como las aguas de un rio
en busca de la inmensidad del mar.
Quiero ser como los pajarillos
extender mis alas y volar
más allá del sol cuando comienza la tarde.
Quiero descansar sobre la nube
donde ocultas tu mirada
y desde allí ser testigo
del suspiro que se escapa
de tu garganta cuando ves mi silueta
trazada en el horizonte
y pretendas con tus manos
alcanzarla.
Quiero ser para ti,
lo que, para mí, tú has sido.

Dejare de amarte

Cuando moribundos,
los versos etéreos descansen,
su eterno hilvanar se detenga
y enmudezcan las palabras
en mi boca.
Cuando el fluir de figuras
retóricas descienda cual pájaro
herido al Seol poniendo punto
final a mi fantasía.
Cuando por mi lado pases
sin despertar este afán de poeta
o cuando el brillo de tu mirada
se esconda y sumerja mi lira
en al más vil de los silencios.
Cuando tu recuerdo deje de iluminar
mis sentidos, mis ojos,
sin bañarse en lágrimas
lloren, por el verso perdido
y mis manos tiemblen
ante el papel desnudo de mis fantasías.
Cuando las odas insaciables
no arropen mi imaginación
despojándola de toda esperanza,
o el toque de mis manos
quede suspendido sin poder alcanzar
los poemas descalzos.

*Cuando nuestro tiempo muera
y convertidos en polvo,
nuestros cuerpos yazcan
desnudos bajo la tierra.
Entonces, quizás,
la poesía en mí se apague
y yo, deje de amarte.*

Concierto

*La luna declama un poema sinfónico
que llena de luz la alborada.
El arrullo del mar entona
una canción en honor al amor
y los caballitos de mar danzan
en aguas tropicales al son de baladas
armónicas.
Es un concierto de ensueños en armonía
con la naturaleza
ante la inmensidad de todo
lo creado en el universo.*

Efímero

*Vi un remoto recuerdo
reflejado en el espejo de mi corazón
y por un instante,
sentí tu mirada en la mía.
Cerré mis ojos para retener el recuerdo
de aquel leve roce de tus labios en los míos.
¿Dónde has estado?
¿Por qué te marchaste sin decir adiós?
Como un aleteo de alas de mariposa
volvió el recuerdo a perderse en el ocaso
sin consumar su metamorfosis.
Ante mis interrogantes
se esfumó dejándome
sumida en la incertidumbre*

Morir soñando

Esta noche voy a escribirte versos...
dejar que mi inspiración vuele hasta tu lecho y
que al intuir mi presencia ansíes tocarme.
Soñar contigo y que tú sueñes conmigo.
Que deslices tu mano en busca de la mía entre
sábanas inertes,
confundidos nuestros cuerpos
enloquecidos de amor y exhaustos
amanecer yo en tus brazos.
Que al despertar veas mi rostro
dibujado en tu almohada
y brille en ti la alegría
al descubrirme a tu lado
cuando me piensas muy lejos.
Esta noche prefiero escribir
los versos que quizás un día
le revelen a tu alma
que por ti decidí morir,
Soñando.

La prenda

La tuve en mis manos,
te antojaste de ella.
La puse en las tuyas
más no volví a verla.
Al correr del tiempo
olvidé que era yo su dueña,
más no pude olvidar al ladrón
que al llevarse la prenda
se llevo consigo mi amor.
No pido que me la devuelvas
Devuélveme el corazón
que, aunque hecho pedazos
aún late y suspira de amor.

Soy Feliz....

*Soy feliz entre los árboles isleños
que callados escuchan mis quejas
sin juzgarme
Soy feliz entre los pájaros que cantan
mis nostalgias aún sin conocerlas;
Soy feliz frente al mar
entre las olas que vienen
y sin saber quién soy,
de donde vengo o hacia donde voy
bañan mis pies con el beso
y la caricia
inocente del verdadero amor;
Soy feliz entre las flores
que perfuman mi existencia
y me dejan extasiada
sin pedir nada a cambio;
Soy feliz entre la niebla
que esconde la fealdad del universo;
Y soy feliz en el silencio
que me muestra la paz
en noches tenebrosas;
Soy Feliz contemplando la luna
que al alumbrar mis pasos
me enseña a caminar en la oscuridad;*

*Soy feliz al mirar el cielo cubierto de nubes
que ocultan los rayos del sol
cuando su intensidad pretende quemarme;
Soy feliz con mi Dios quien es el único que sabe
quién, en verdad, yo soy...*

Tempus Fugit

*En el aeropuerto de la vida
ante el carrusel de equipaje
espera la multitud su maleta.
Todo cuanto poseen da vueltas
gira sobre una superficie de vinyl
y metal cementado que ruge
y da vueltas sin saber a dónde va
e irremediablemente
vuelve al lugar de su procedencia.
Pasajeros, forasteros que van y vienen
de estación en estación, de puerto en puerto
trayendo consigo cuanto pueden arrastrar o
cargar sobre sus hombros encorvados por el peso
de todo aquello
que consideran importante,
lo que no quieren dejar atrás:
rencores corroídos, como el hierro oxidado,
amores añejos, pasiones atrapadas
en telas de araña, promesas incumplidas
y sueños…*

*Sueños que al depositarlos
en un espacio reducido, limitado,
son arrojados por manos desconocidas
e Inclementes,
sobre el lienzo gris que los arrastra
como las olas arrastran la arena
y como las olas devuelven
la arena a la orilla,
así los sueños vuelven
cual espectros en invierno,
mientras espera la multitud su maleta
ante el carrusel de equipaje,
en el aeropuerto de la vida*

De la vida...el bagazo

La vida, como la caña de azúcar
oculta dulzura detrás del bagazo.
Nuestras acciones, buenas o malas
traen consecuencias, nos pertenecen.
Obran como escalones hacia la madurez.
Nuestras palabras, nunca se las lleva
el viento, regresan a nosotros
como la lluvia en medio de la tempestad.
Cada expresión provoca reacciones
a veces inesperadas e inimaginables.
La caña es dulce, pero hay que exprimirla
para obtener su "melao,"
refrescante, si no se toma en exceso.
Así pues, aprender de la vida, trae sabiduría.
Del bagazo de la vida, desechar
lo que no edifica
ni conviene, ni ennoblece.
Aunque al mirar hacia atrás
habrá algo nuestro atrapado en el trapiche.

Con mis versos

Quiero cambiar con mis versos
sentimientos corroídos por los tiempos.
Que el hombre del universo analice,
que interprete, que vea sin mirar siquiera
la belleza reflejada en las mañanas
llenas de colores, de amapolas y alelíes.
Que perciba el perfume de la tierra
al caer la lluvia, y escuche la melodía
del pitirre y la canción del coquí.
Que se estremezca con el rugir
de las olas del mar antes de caer la tarde.
Que llore ante un pajarillo
que ha caído de su nido,
que le tome, le acaricie
y con manos temblorosas
le devuelva a su madre agradecida.
Que suspire y tiemble ante
la piedra preciosa del amor
sin deseos que opaquen su resplandor
o celos que le destruyan.

*Que viva su propia vida con la alegría
y la paz reflejadas en acciones sinceras.
Que de gracias en todo tiempo
y tenga fe porque,
aunque la noche sea negra,
el sol volverá en la mañana.*

Búsqueda

*El hombre, convertida su vida
en un desierto, camina, titubea,
vacila, ciego ante las alternativas.
Atolondrado por ideas preconcebidas,
enajenado por la frialdad
que hay en su corazón.
Cansado, hastiado de lo cotidiano, vaga...
Desea cobijarse bajo las alas del omnipotente,
anhela una mano amiga,
un abrazo hermano,
Añora agua pura del manantial de vida.
Recorre caminos, escala montañas
descubre fronteras.
Busca la felicidad y cuando cree haberla
alcanzado
sus pies tropiezan en tierra estéril.
Confundido, dobla sus rodillas
ante ídolos extraños:
muñecos de trapo que no ven ni hablan.*

Vencido extiende sus ojos hacia lo infinito
y ve lo que ha sido su vida,
el pueblo que una vez fue suyo,
su hogar, la lucha que abandonó
para irse en pos de sueños triviales.
El arroyuelo que arropa el sendero
donde ya no brillan las huellas
que un día dejaron sus pasos.
Más no logra distinguir los brazos extendidos
que esperan su regreso a casa
Su orgullo no le permite volver atrás
Quizás el amor, algún día, le arrastre de vuelta.

¿Quién soy?

Sé que existo,
aunque existir en la cárcel de mi cuerpo no
quisiera.
Sé que soy,
aunque el ser duele en gran manera.
Miro al hombre caminar sin rumbo
y me pregunto:
¿Hacia dónde vamos?
Vivo,
Pero vivo sin rumbo fijo
Sin la esperanza de otrora.
Caminando cabizbaja
Perdida en mi interior
Lejos del amado.
Sé que soy porque si no,
no sentiría la dejadez y el desgano
de existir por existir
y de ser sin ser yo misma.

Latinoamericana

Soy de una raza pura
que yace entre la floresta
a la sombra de valles verdes
al sur del hemisferio occidente.
Soy de una raza pura
que descansa sobre la yerba
del campo que la cubre.
que luce como el azabache
Soy de una raza pura, alerta
con la mirada fija y penetrante
en espera de un atrevido
quien, como Simón Bolívar,
no mire mis faltas
y perdone mi silueta.
Soy de una raza pura
que muge ante la injusticia
y brama ante las desgracias.
Soy de una raza pura
latinoamericana.

Flores de mi Jardín

Julia

*Viví en un mundo frívolo y profano
Recorrí los enclaves del valle hispanoamericano.
Enfrenté insensible e ignorantes senderos
En cuerpo de mujer y con alma de poeta errante.*

**Debe ser la caricia de lo inútil,
la tristeza sin fin de ser poeta**.*"*
(Julia de Burgos)

*El árbol viejo confundió
mis delicados pétalos
por un río de corrientes insondables:
Todos querían beber del vino dulce
Yo quería escapar del empuñado.*

**"Yo quise ser como los hombres
quisieron que yo fuese:
un intento de vida; un juego al escondite
con mi ser."** (Julia de Burgos)

*Me levanté, una y otra vez de los arrabales de
infortunios que me tendió la vida
de los ecos resonantes de la risa beoda
de aquellos que buscaban placeres sin sentido,
sin amor...*

Y
**Me fui perdiendo átomo por átomo
de mi carne y fui resbalándome poco
a poco al alma.**" *(Julia de Burgos)*

"*Cuando cesó de llover en "Macondo,"*
(Gabriel Garcia Márquez, Cien años de soledad)
Mi lucha se convirtió en lucha creativa
Mi voluntad firme, en experiencia de arte;
Mi voz se trasformó en poesía.

"**...en tu Sí, inevitable revolución
del mundo, me he encontrado yo misma
al encontrar mi verso.**" *(Julia de Burgos)*

Trascendí el cosmos de lo humano
Y volé cual crisálida escondida hacia lo eterno,
hacia un manantial de aguas cristalinas,
hacia un lugar de refugio;
un lugar donde fui, soy y seré sólo poesía,
libre al fin del vano intento del hombre
por violar la lira.

"**Ya definido mi rumbo en el presente
me sentí brote de todos los suelos de la
Tierra...**" *(Julia de Burgos)*

Mujer, Poeta o Yo

La poesía en mí no duerme
sueña despierta.
Crea imágenes,
desnuda el espíritu,
enternece el alma;
Vigila...acaricia metáforas,
símiles, entreteje versos.
Soy mujer que ante todo enardece
creyéndose libre sin ser liberada
más soy sólo una ingenua
que mira y no ve, habla por hablar,
ríe y llora por reír y llorar.
Cuando despierto mujer
llena de ilusiones,
la poesía censura:
— ¿Pero, te has vuelto loca?
¡Eres poeta, no permitas
que te atormente ésta obcecada idiota!
En noches silenciosas,
cuando la mujer pretende
sentirse amada
descansar, dormir, soñar...

La poesía protesta,
comienza el fluir de versos
hasta la aurora.
La mujer amonesta:
¡anda, duérmete ya!
Mira que el sol volverá
a resplandecer en la mañana.
La poesía suplica, implora:
¡Esta noche es mía, mía sola!
Yo, entre ellas titubeo, vacilo, dudo.
¿Separarlas? ¡No puedo!
¿Cómo vivirán las dos en un solo ser?
Si despierto poeta,
me quedo entre sábanas de lino fino
deslizándome lenta, tierna, hacia el verso,
inmersa en el género entre odas,
rimas y figuras retóricas.

—¡Levántate! grita la mujer.
¡Mundanalidades!
—Exclamo pletórica.
Me volteo del otro lado del lecho
cierro mis ojos y grito a voz en cuello:
¡Hoy tomaré una decisión:
¡seré mujer, seré poeta
o simplemente Yo!

Morfosis

A veces calla la lira,
entonces,
salgo de mi ninfosis,
me interno en el jardín cual mariposa
y vuelo de flor en flor,
descubro sus colores,
respiro el aroma que emana de su espíritu libre,
Bebo el néctar de cada una
y no la dejo hasta que tiembla
desnuda de su dulzura,
¿Y Luego?
Harta del vuelo
¡descanso, extasiada!

No me digas adiós

*No me digas adiós,
dime hasta luego.
Adiós es la nube gris que
se aleja a paso lento,
Adiós es punto final
donde muere la esperanza,
Hasta luego es ilusión
que mantiene viva mi alma,
Hasta luego incita al sol
a volver en resplandor otra mañana.*

Mi Jardín

Las hojas mudan su color:
verde a naranja, rojo, amarillo, marrón.
Caen, se secan.
El eco de las hojas bajo mis pisadas dice:
llegó el otoño.
El aire que emana de la tierra
Se convierte en neblina de madrugada.
La frialdad que azota mi rostro al oscurecer
susurra: el invierno se acerca;
El calor del verano está lejos.
Los árboles quedan desnudos y esperan.
Pronto, la frialdad cubrirá sus ramas desnudas
hasta hacerlas vibrar   y
rejuvenecer.
Un día sus hojas volverán a brotar
y aparecerán las flores con sus bellos colores...
Es la primavera
y regreso a mi pequeño jardín
donde todo es alegría.

Flores de mi Jardín

Ninguna parte de esta publicación será reproducida, almacenada en un sistema de recuperación,
transmitida de ninguna forma o por ningún medio electrónico, de fotocopia o grabado, sin autorización previa o permiso escrito del autor.
Con la única excepción de breves reseñas bibliográficas.

www.ingramcontent.com/pod-product-compliance
Lightning Source LLC
Chambersburg PA
CBHW041528090426
42736CB00036B/227